ПОЛОТНО БІЗНЕС-МОДЕЛІ

Нехай ваш бізнес процвітає з цією простою моделлю

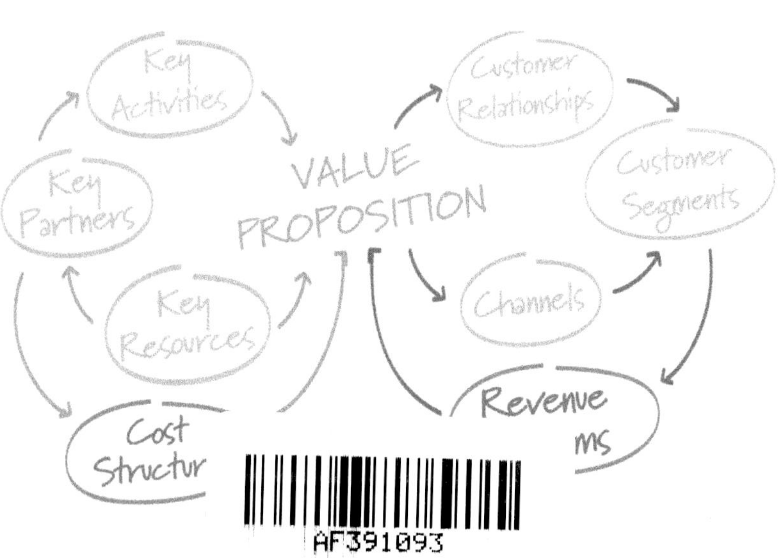

ПОЛОТНО БІЗНЕС-МОДЕЛІ

Нехай ваш бізнес процвітає з цією простою моделлю

написаний Magali Marbaise
перекладено Yaroslav Melnik

ПОЛОТНО БІЗНЕС-МОДЕЛІ

КЛЮЧОВА ІНФОРМАЦІЯ

- **Назва:** Business Model Canvas, BMC.

- **Використання: Полотно** бізнес-моделі є цінним стратегічним інструментом, який використовується для концептуалізації нових бізнес-моделей або для документування існуючих. Він допомагає приймати рішення про запуск продукту, стартапу або нового процесу, ілюструючи цінність та основну діяльність компанії.

- **Чому він успішний?** Простота і зрозумілість візуальної презентації інструменту дозволяють легко використовувати його як самостійно, так і в команді.

- **Ключові слова:**

  - <u>Бізнес-модель</u>: Модель, за допомогою якої компанія створює цінність. Через стратегію розвитку основного бізнесу ця цінність повинна проявлятися у фінансовій винагороді для компаній, які здатні задовольнити своїх клієнтів.

  - <u>Бізнес-план</u>: Прогноз, викладений в офіційному документі, який окреслює цю стратегію на основі аналізу ринку та ретельно зібраних і вивчених даних.

  - <u>Полотно</u>: Базовий контур, який групує колекцію елементів у структурований спосіб.

ВСТУП

Амбітні співробітники, які хочуть просунутися по кар'єрних сходах у своїй компанії та втілити в життя революційні, ціннісні ідеї, а також підприємці, які хочуть оживити свою компанію або збільшити свою частку на ринку, виграють, якщо отримають глибоке розуміння того, як працює їхній бізнес, як він генерує зростання і які важелі зростання є найбільш корисними. Business Model Canvas — це чудовий спосіб розвинути таке розуміння.

Цей стратегічний інструмент був розроблений Александером Остервальдером (австрійський теоретик, 1974 р.н.) та Івом Піньєром (бельгійський інформатик, професор Лозаннського університету, 1954 р.н.) у їх бестселері «*Генерація бізнес-моделей*» (2010 р.). Вона використовується переважно (але не виключно) підприємцями і має на меті допомогти їм перетворити свої ідеї на інноваційні та конкурентоспроможні проекти. Для цього автори заохочують кожну компанію, яка використовує Business Model Canvas, замислитися над цінністю, яку вона створює для своїх клієнтів і для себе. Ця модель особливо підходить для тих, хто працює в малому бізнесі або стартапах, де структура не є сильно ієрархічною: полотно пропонує більш системний підхід, ніж більшість традиційних моделей, шляхом артикуляції різних складових частин бізнесу.

ВИЗНАЧЕННЯ МОДЕЛІ

На думку авторів методу, ця система дозволяє організаціям створювати, надавати та фіксувати цінність (Osterwalder and Pigneur, 2010).

Business Model Canvas є частиною тренду візуального та дизайнерського мислення. Це означає, що завдяки своєму нелінійному процесу він дозволяє створити візуальну систему, яка є доступною, читабельною та зрозумілою для кожного. Це полотно є засобом, за допомогою якого підприємці можуть обміркувати та побудувати свою бізнес-модель на одній сторінці: вони можуть легко організувати свої ідеї у відповідні поля шаблону, щоб швидше – і ефективніше – перейти до практичних дій. Той факт, що він пропонує огляд моделей, які будуються, сприяє чіткому визначенню пріоритетів, створенню конкретних планів дій та творчому і адаптивному підходу, що значно спрощує подальшу розробку бізнес-плану. Цей інструмент також покращує взаємодію з клієнтами та сприяє комунікації між співробітниками.

ТЕОРІЯ

Всі компанії мріють володіти ключами до успіху, і чим вони простіші, тим краще! І хоча ця система не зовсім враховує суто конкурентний аспект, вона все одно є дуже цікавою, практичною та доступною для всіх.

ДЕВ'ЯТЬ ІНСТРУМЕНТІВ

Матриця складається з дев'яти взаємопов'язаних блоків, які ілюструють всі види діяльності компанії:

- основні напрямки діяльності

- ключові партнерства

- ключові ресурси

- клієнтські сегменти

- канали

- взаємовідносини з клієнтами

- ціннісна пропозиція

- структура витрат

- дохідні потоки.

Чітко диференційовані та ідентифіковані, коробки ретельно і точно розташовані на полотні. Таке розташування створює синергію між ними, що призводить до унікальної стратегії для кожної компанії, яка спробує виконати цю вправу.

- **Ключові види діяльності.** Ключові види діяльності мають важливе значення для компанії, оскільки через них створюється пропозиція споживчої цінності, яка опосередковано генерує дохід. Ці види діяльності різняться залежно від типу бізнес-моделі. Наприклад, у страховій компанії ключовою діяльністю є захист активів клієнта та компенсація їм у разі втрати; лікарня відповідатиме за здоров'я пацієнтів. За словами Остервальдера, види діяльності можна класифікувати за трьома різними категоріями:

  - Ті, що безпосередньо пов'язані з виробництвом продукції;

  - Ті, хто прагне розробити рішення (послуги) для задоволення потреб клієнтів;

  - Ті, що відбуваються повністю або частково в Інтернеті (інтернет-магазини або банки).

- **Ключові партнерства. Приказка** "дві голови краще, ніж одна" є універсальною і має особливий резонанс у професійному світі, всередині наших компаній. Наявність та підтримка добрих стосунків з ретельно відібраними, конкурентоспроможними та надійними партнерами зміцнює позиції організації на ринку, посилюючи бізнес-модель. Характер партнерства залежить від цілей компанії:

  - Укладання субпідрядних договорів для сприяння економії на масштабах або переорієнтації діяльності;

- ○ Злиття для зменшення ризику та невизначеності, пов'язаних з конкурентним середовищем;

- ○ Придбання певних ресурсів та видів діяльності, що дозволяє передавати деякі види діяльності на аутсорсинг іншим компаніям. Прикладом цього може бути страхова компанія, яка використовує зовнішнє оціночне бюро для виплати страхових відшкодувань.

Існують різні ключові профілі партнерів. Незалежно від того, чи є партнером компанія чи фізична особа, важливим є те, що вони надають підтримку, консультації тощо, що сприятиме розвитку компанії: банки, інвестори, партнери, постачальники чи навіть клієнти, але також і конкуренти.

- **Ключові ресурси.** Це активи компанії, на які вона спирається і які дозволяють їй підтримувати свою господарську діяльність або успішно здійснювати свій ланцюжок створення цінності. Таким чином, існує певна взаємозалежність між здоров'ям компанії – як фінансовим, так і кадровим, інтелектуальним (патенти тощо) або матеріальним – та ресурсами, доступними для (пере)запуску ціннісної пропозиції. Слідуючи цій логіці, малий та середній бізнес буде максимально використовувати відносно невеликий розмір своїх команд (людських ресурсів), щоб зосередитися на регулярних особистих контактах з клієнтами. І навпаки, ІТ-компанія може вважати за краще зосередитися на матеріальних ресурсах, таких як процесори, кулери або склади, щоб посилити свою ціннісну пропозицію.

- **Сегменти клієнтів.** Більшість компаній завдячують своїм процвітанням клієнтам, які є рушійною силою багатьох видів економічної діяльності. Тому важливо добре їх знати, визначати їхні очікування та пропонувати пропозицію, яка найкраще відповідає їхнім потребам. Виходячи з цього, організація визначає сегменти клієнтів з однаковими або схожими потребами та обирає, на які саме групи орієнтуватися в першу чергу.

👁 ВИЗНАЧЕННЯ ТА ВИБІР СЕГМЕНТІВ

Існують різні типи сегментів споживачів, такі як масовий ринок, нішевий ринок, диверсифікований ринок тощо. Залежно від обраного виду діяльності, своїх фінансових можливостей та економічної ситуації підприємство буде орієнтуватися на той чи інший сегмент. Наприклад, елітний ресторан намагатиметься залучити переважно заможних клієнтів, тоді як пивна буде пропонувати більш доступне меню (якщо тільки вона не бажає пропонувати щось інше і не орієнтується на іншу клієнтуру; в такому випадку вона обере інший підхід, наприклад, пропонуючи більш якісні вина і підкреслюючи цей вибір у своїх комунікаціях). Вибір сегмента може також ґрунтуватися на географічному розташуванні: створення ресторану високого класу здається більш доречним в одних місцях, ніж в інших (в центрі міста або в сільській місцевості).

- **Канали.**

  - Ціннісні пропозиції доносяться до клієнтів через канали. Реклама, соціальні мережі тощо є важливими «інтерфейсами» між компанією та її клієнтами.

- **Взаємовідносини з клієнтами.** Оптимізація взаємовідносин з клієнтами є улюбленою темою для будь-якої компанії. Розвиток відносин зі споживачами ціннісних пропозицій заохочує їхню лояльність, таким чином гарантуючи певним чином стійкість компанії. Відносини будуються через постійний контакт між споживачем та продуктом/послугою/бізнесом, незалежно від того, чи це стосується споживання, чи досвіду як такого, чи впливу маркетингу навколо пропозиції. Тому кожна компанія повинна встановити конкретну політику, за допомогою якої вона визначає свої поточні та майбутні відносини з клієнтами. Ці відносини можуть приймати різні форми, включаючи більш персоналізований підхід, самообслуговування та стандартизацію.

- **Ціннісна пропозиція. Ціннісні пропозиції** – це послуги або продукти, які компанія пропонує (продає) своїм клієнтам.

👁 ЩО ТАКЕ ЦІННІСТЬ?

Цінність – це те, що дозволяє компанії розширюватися, завойовувати та утримувати клієнтів, які шукають додаткову цінність: співвідношення ціни та якості, бренд, якість обслуговування та ефективність. Для того, щоб реалізувати цю цінність, важливо знати, які потреби були задоволені – і, перш за все, які потреби не були задоволені – на ринку, а також проаналізувати, що пропонують конкуренти.

- **Структура витрат.** Багато частин бізнес-моделі несуть і генерують витрати (реклама є гарним прикладом).

- **Потоки доходів. У** цьому блоці містяться відповіді на наступні питання: Які джерела доходів? Яку ціну готові платити клієнти і за які продукти? Таким чином, генерування потоків доходів має вирішальне значення, оскільки від цього залежить виживання будь-якого бізнесу. Найпоширеніші пропозиції включають продаж товарів, право користування (клієнти платять за користування продуктом або послугою), підписку, оренду/позику тощо. Окрім цього, не слід нехтувати доходами від відносин B2C, а також доходами від партнерства B2B, такими як реклама та спонсорство.

ПРАКТИЧНЕ ЗАСТОСУВАННЯ

ПОРАДИ ТА КРАЩІ ПРАКТИКИ

Організація семінару з питань оборонно-промислового співробітництва

Як зазначалося раніше, ця модель є інтерактивною: учасники від компанії сідають, малюють матрицю на великому аркуші паперу, який вішають на стіну або розміщують посередині столу, обговорюють, взаємодіють і «наклеюють» свої ідеї на модель. Метод Post-it®, запропонований Остервальдером, виявляється дуже ефективним в контексті цієї групової роботи: ідеї можна знімати, замінювати і переміщати в міру просування обговорення і внесення різних змін. Під час семінару канва бізнес-моделі не залишається «фіксованою», а скоріше створюється по одному стікеру Post-it® за раз (Osterwalder and Pigneur, 2010), оскільки:

- Користувачі активно розмірковують над тим, що вони повинні розмістити в кожній клітинці моделі, ставлячи собі низку запитань. Наприклад, для ціннісної пропозиції було б цікаво подумати про цінність, яку компанія надає клієнту, проблему, яку вона пропонує вирішити, потреби, на які вона реагує тощо. Ці моменти слід розглянути якомога глибше.

- Кожен учасник має блокнот зі стікерами та ручку, що дозволяє йому ділитися своїми думками з колегами та одночасно систематизувати свої ідеї. При такому підході бізнес-модель розробляється шляхом мозкового штурму та занотовування ідей. Основна ідея полягає в тому, що простота стимулює творчість. Метою також є залучення співробітників на всіх рівнях компанії.

Нарешті, компанії повинні пам'ятати про регулярне тестування своєї моделі. Висування гіпотез дозволяє доопрацьовувати бізнес-модель у міру розвитку компанії.

👁 РЕКОМЕНДАЦІЇ ВІД АВТОРІВ

Для створення та впровадження нової бізнес-моделі Остервальдер та Пінье пропонують працювати у п'ять етапів:

- **Мобілізація** шляхом визначення точних цілей проекту, тестування перших ідей, планування проекту та формування команди досвідчених і захоплених людей з різними профілями;

- **Розуміння** через дослідження ринку та перехресний аналіз;

- **Проектування,** яке передбачає вивчення, тестування та відмову від упереджених ідей, які заспокоюють, але заважають людям бачити речі по-іншому;

- **Створення** шляхом реалізації бізнес-плану та фінансового плану;

– **Управління** шляхом ретельного моніторингу ситуації на щоденній основі з метою коригування або навіть можливого переосмислення бізнес-моделі.

Короткі рекомендації

Коли керівник розглядає можливість переосмислення біз-нес-моделі своєї компанії, він завжди повинен це робити:

- забезпечити легітимність, релевантність та послідовність їхнього підходу;

- передбачати активну участь усіх рівнів компанії з метою отримання всебічної картини та уникнення можливого опору змінам;

- запросити неупередженого посередника, який може вести дискусію і ставити запитання учасникам;

- оцінити те, що вже є, щоб вирішити, чи варто починати з нуля, чи ні;

- вирішити, кого призначити відповідальним за проект для забезпечення плавного переходу при впровадженні нових керівних принципів.

ТЕМАТИЧНЕ ДОСЛІДЖЕННЯ

Об'єктом дослідження є неспеціалізований книжковий магазин, який продає романи, книги з мистецтва та музики, навчальну та наукову літературу. Він відомий якістю своїх рекомендацій щодо літератури, а також великим катало-гом шкільних та університетських підручників.

Оскільки книжковий сектор зазнав багато змін за останні роки, наприклад, запровадження онлайн-продажів, книжкові магазини стають все менш і менш завантаженими. Крім того, ця точка стикається з жорсткою конкуренцією: на невеликій площі розташовано кілька книжкових магазинів, і кожен з них намагається вирватися вперед за рахунок диверсифікації або спеціалізації. Зокрема, на ринку шкільної літератури з'явився прямий конкурент. Тому для магазину настав час переглянути свою бізнес-модель, щоб залишитися відкритим.

Керівник книгарні вирішує переглянути свою бізнес-модель і скликає своїх співробітників (комунікаційну команду, бухгалтера, продавців, рецепцію тощо), щоб проаналізувати ситуацію. Разом вони повинні поставити низку запитань, щоб заповнити канву та оновити поточну бізнес-модель. Тут важливо зазначити, що вони можуть почати з будь-якого квадрату на моделі.

 ПОРАДИ ДЛЯ ЛІДЕРІВ

Остервальдер застерігає від деяких підводних каменів:

- Не варто боятися надто сміливих ідей, аж до того, щоб систематично їх відкидати. Хоча вони можуть генерувати більше ризиків, вони також часто є більш цікавими. Однак, це не означає, що їх потрібно схвалювати без подальшого осмислення. Наприклад, їх можна спочатку протестувати, а потім скоригувати і адаптувати, якщо вони виявляться ефективними.

– Не варто автоматично починати з нуля, адже від попередньої моделі можуть залишитися корисні елементи, які варто було б зберегти.

– Не виключайте певних членів команди, адже найкращі ідеї часто з'являються саме через обмін думками.

– Не зосереджуйтесь лише на короткостроковій перспективі. Як і при розробці будь-якої бізнес-моделі, погляд на довгострокову перспективу обмежує ризики.

Аналіз старої бізнес-моделі

По мірі просування дискусій, полотно наповнюється і розкриває огляд поточного стану справ, з сильними і слабкими сторонами поточної бізнес-моделі.

- **Сегменти клієнтів. Хто є найбільшими клієнтами книгарні? Які сегменти охоплені? Для кого вони створюють цінність? В даному** випадку основними клієнтами є школи та університети, які безпосередньо направляють своїх студентів до цієї книгарні. Регулярно відвідують бібліотеки та постійні клієнти – переважно пенсіонери, які користуються його рекомендаціями.

  - Стабільний ринок: Бібліотеки та постійні клієнти.

  - Ринок, який щороку відновлюється: університети.

  - Відвідування окремих осіб або широкої громадськості, які знають назву книгарні або вже відвідували її, і які приходять один або більше разів на рік, у більш-менш випадковий час (конкретна книга або замовлення, перегляд, подарунки і т.д.).

- **Ціннісна пропозиція. У чому полягає додана вартість книгарні?**

    - Мудрі поради для постійних клієнтів, громадськості та бібліотекарів.

    - "Непідйомні ціни" для деяких бібліотекарів, а також для шкіл та університетів (а отже, опосередковано для студентів).

- **Канали. Як магазин комунікує з покупцями? Які канали використовує?** Канали, які використовуються в даний час, – це, в основному, електронна пошта та телефон. Університети та бібліотеки зазвичай контактують дистанційно, тоді як книготорговці працюють через прямий контакт з покупцями, які відвідують магазин.

- **Відносини з покупцями. Які стосунки книгарня має зі своїми клієнтами?** Вона підтримує довірчі відносини з постійними клієнтами, а також з такими установами, як бібліотеки та університети. У цих відносинах виграють усі: компанія може зменшити свої витрати, а бібліотеки та університети купують їхні книги за найкращою ціною. Відносини з клієнтами адаптуються в залежності від клієнта.

- **Потоки доходів. За що платять клієнти? Як вони платять?** Товари продаються безпосередньо: клієнти платять безпосередньо на касі або за рахунком для бібліотек та університетів. Вони платять з усвідомленням того, що отримують послугу та консультацію, до якої звикли і яку цінують.

- **Ключові ресурси. Яких ключових ресурсів потребує ціннісна пропозиція книгарні?**

  - Ключовим ресурсом книгарні, особливо в наш час, є насамперед людський ресурс. Покупці йдуть туди, щоб отримати консультацію і підтримувати особливі стосунки з продавцем.

  - Другий ключовий ресурс – фінансовий (відпускні ціни та знижки обговорюються з постачальниками, які мають особливий вплив на продажі в університети та бібліотеки).

- **Ключові види діяльності. Які ключові заходи випливають з ціннісної пропозиції книгарні? Для того,** щоб забезпечити найкращу ціну для університетів та бібліотек, менеджер проводить регулярні маркетингові дослідження цін та послуг, що пропонуються конкурентами. Крім того, якість консультацій залежить від кваліфікації продавців книжкових магазинів.

- **Ключові партнери. Хто є ключовими партнерами книгарні? З ким вона співпрацює? Які партнери допомагають їй створювати цінність? Книгарня налагодила** надійні відносини з мережею спеціалізованих постачальників. Їхні економічні ситуації тісно пов'язані між собою: падіння продажів у книгарні призводить до втрати доходу постачальників. Тому постачальники склали список замовлень, які слід регулярно переглядати, оскільки вони не завжди відповідають фактичним продажам книгарні (надлишки книг, які книгарня не в змозі продати). Тому необхідно знайти баланс, тим більше, що деякі постачальники «блокують» замовлення, якщо книгарня затримує платежі (це, звичайно, означає зменшення запасів, що, в свою чергу, призводить до зменшення продажів, таким чином, створюючи замкнене коло). Тому життєво важливо підтримувати довірчі відносини з постачальниками. Дистриб'ютори також відіграють важливу роль, оскільки для книгарні вкрай важливо дотримуватися обіцяних термінів доставки. У цьому відношенні існує жорстка конкуренція з веб-сайтами, які гарантують доставку протягом двох-трьох робочих днів. Цей момент можна покращити, оскільки книгарня наразі страждає від тривалих затримок.

- **Структура витрат. Які основні витрати книгарні? Які види діяльності є найдорожчими?** Книготорговці обробляють замовлення безпосередньо. Менеджер обробляє конкретні запити від університетів для того, щоб замовити більшу кількість. Витрати на закупівлю варіюються, оскільки залежать від обсягу замовлень та будь-яких знижок, які пропонує постачальник: наразі вони є надто високими. Витрати на заробітну плату також є значними, оскільки середній вік працівників є відносно високим.

Адаптація бізнес-моделі

Коли учасники, все здається можливим: вони просто повинні наважитися поставити питання, необхідні для оновлення бізнес-моделі. Вони можуть почати свої роздуми з будь-якого з квадратів на полотні. В ідеалі, вони повинні домогтися того, щоб уявити собі інновації для кожного квадрата полотна, а потім вибрати найбільш підходящу для даної ситуації пропозицію.

Таким чином, додаючи, видаляючи та переміщуючи стікери з різноманітними ідеями кожного працівника книгарні, модель представляється більш об'єктивно, що породжує нові конструктивні синергії.

Серйозні зміни:

Ця нова версія бізнес-моделі ставить клієнта в центр своїх турбот: вона прагне оптимізувати ціннісну пропозицію, розвивати відносини з клієнтами тощо. Цей останній вимір, який компанії часто не беруть до уваги або відсувають на другий план, може розумно спрямовувати стратегічний вибір. Нова конфігурація краще реагує на проблеми, з якими стикається книгарня, оскільки в центрі економічної структури знаходиться покупець, який може мати різні причини для читання (від лояльного, старшого покупця до розвитку нового сегменту, який є молодшим та/або більше не ходить до книгарні). Книгарня в першу чергу має переглянути свої ключові види діяльності (читання, літературні заходи, навчання працівників), структуру витрат (вебсайт, витрати на заробітну плату), своїх ключових партнерів (дистриб'юторів, постачальників, конкурентів), свої канали комунікації (розвиток веб-сайту) тощо.

ОБМЕЖЕННЯ ТА ПРОДОВЖЕННЯ

ОБМЕЖЕННЯ ТА КРИТИКА

- **Відсутність фокусу на стратегічному аспекті.** Як зазначалося раніше, БКК ігнорує стратегічний аспект бізнесу. Він ставить ціннісну пропозицію в центр свого підходу, припускаючи, що основним бажанням будь-якого бізнесу є заробляння грошей. Це є важливим, якщо не основним, для виживання компаній, але не всі з них ставлять прибуток на перше місце у своєму порядку денному. Зокрема, це стосується неприбуткових об'єднань. Стратегічний підхід є важливим для розвитку будь-якої компанії, і нехтуючи ним, ми ризикуємо втратити важливі сегменти клієнтів, які ми, можливо, не врахували.

- **Не може бути застосований до всіх компаній.** Як зазначив Філіп Моріку (професор стратегії в ESSCA) в інтерв'ю сайту My-Business-Plan.fr, здається, що БКГ може бути легше застосована до компаній з одним видом діяльності, наприклад, стартапів, ніж до багатопрофільних організацій. Моріку вважає, що це пов'язано з простотою матриці. Дійсно, потенційна синергія між різними видами діяльності може не обов'язково вписуватися у відносно базові поля моделі.

- **Неврахування конкуренції.** Структура бізнес-моделі фокусується на структурі та внутрішній роботі компанії і не враховує (або враховує в дуже обмеженій мірі) зовнішні фактори, такі як конкуренція. Однак, думати про конкуренцію при створенні моделі важливо, оскільки зміни на цьому рівні можуть мати прямий вплив на неї, вимагаючи від компанії, наприклад, переглянути свої цілі. У нашому прикладі компанія хотіла переглянути свою бізнес-модель через посилення конкуренції, яка ризикувала вплинути на її ціннісні пропозиції.

- **Статичний аналіз. БКГ** не враховує еволюцію досліджуваного бізнесу: він дозволяє зробити огляд ситуації на даний момент часу і тому повністю ігнорує довгострокову перспективу.

СПОРІДНЕНІ МОДЕЛІ ТА РОЗШИРЕННЯ

Оскільки Полотно бізнес-моделі має певні обмеження, зокрема, відсутність стратегічного виміру, варто розглянути можливість його поєднання з іншими інструментами, щоб вони могли доповнювати один одного.

Матриця BCG для визначення стратегії

Базуючись на чотирьох типах стратегічних зон господарювання (зірки, знаки питання, дійні корови та собаки), ця модель може доповнити БКГ, яка не враховує ці реалії, що впливають на стратегічний вибір. Ідея матриці БКГ полягає в тому, щоб оцінити як ринок продукту, так і перспективи зростання продукту на ринку. Компанія використовує ці параметри для визначення пріоритетів у своєму продуктовому портфелі та забезпечення довгострокового створення вартості і управління грошовими потоками.

П'ять сил Портера для перемоги над конкурентами

П'ять сил Портера визначають привабливість галузі. Передбачається, що компанії прагнуть отримати конкурентну перевагу, яка вимірюється їх здатністю генерувати прибутки або захоплювати ресурси. Цими п'ятьма силами є: потенційні учасники (ті, хто може увійти на ринок і становити загрозу), продукти-замінники (продукти, що знаходяться в прямій конкуренції), клієнти і дистриб'ютори, а також постачальники (всі вони мають силу на переговорах).

РЕЗЮМЕ

- Концепція бізнес-моделі взята з книги «*Покоління бізнес-моделей: Посібник для візіонерів, тих, хто змінює правила гри, і тих, хто кидає виклик*», написаної у співавторстві Олександром Остервальдером та Івом Піньєром у 2011 році.

- Це практична модель, яка дуже проста у використанні та має безпосереднє застосування. Вона охоплює всі рівні в ієрархії компанії, але більше підходить для стартапів, ніж для великого бізнесу.

- Матриця базується на ціннісній пропозиції, що надається клієнтам. Дев'ять блоків, з яких складається канва, перетинаються, а бізнес-модель розробляється з використанням синергії, що створюється між ними:

  - основні напрямки діяльності

  - ключові партнерства

  - ключові ресурси

  - клієнтські сегменти

  - канали

  - взаємовідносини з клієнтами

  - ціннісна пропозиція

  - структура витрат

  - дохідні потоки.

- Використання стікерів стимулює творчість, оскільки їх можна вільно переміщати під час семінару. Це залучає різних учасників, які розмірковують над створенням цінності компанії. Мета полягає в тому, щоб усвідомити різні заходи, які необхідно вжити для реалізації конкретного і безпосередньо застосовного плану.

- Автори дають кілька важливих рекомендацій: забезпечити легітимність процесу, зробити акцент на загальному огляді моделі, розглянути можливість залучення медіатора для ведення дискусій, оцінити поточну ситуацію та визначити осіб, відповідальних за реалізацію проекту.

- Як ми побачили на конкретному прикладі книгарні, взаємовідносини з клієнтами та ціннісні пропозиції є фундаментальними в цій канві. Однак автори застерігають бізнес-лідерів не боятися бути занадто винахідливими, залучати якомога більше людей до розробки КБП і брати за відправну точку те, що вони вже знають, а не починати знову з нуля, оскільки це може викликати серйозні проблеми з послідовністю.

- Цей інструмент, тим не менш, має певні обмеження, наприклад, він не охоплює стратегічні та конкурентні аспекти. Використання його разом з бізнес-планом гарантує, що жодна деталь не буде забута.

ЧИТАТИ ДАЛІ

БІБЛІОГРАФІЯ

Créativité.net (2016) *Бізнес-модель – Nouvelle Génération: Un guide pour visionnaires, révolutionnaires et challengers d'Alexander Osterwalder et d'Yves Pigneur.* [Онлайн]. [Accessed 20 July 2015]. Режим доступу: <http://www.creativite.net/business-model-nouvelle-generation-alexander-osterwalder-yves-pigneur/>.

Котлер, П., Келлер, К. и Мансо, Д. (2012) *Маркетинговий менеджмент.* 14-е видання. Париж: Pearson.

Menin-Urien, G. (2012) 2013, action commercial – Conseil 6 : apportez de la valeur ajoutée! *Le Blog du Manager commercial.* [Онлайн]. [Accessed 20 July 2015]. Available from: <http://www.management-commercial.fr/2012/12/21/2013-quelle-action-commerciale-apportez-de-la-valeur-ajoutee/>.

My-Business-Plan.fr (2013) *Philippe Mouricou vous dit tout sur le Business Model Nouvelle Génération.* [Онлайн] [Доступно 8 липня 2015 року]. Режим доступу: <http://www.my-business-plan.fr/interview-philippe-mouricou-business-model>.

Остервальдер, А. та Піньє, Ю. (2010) Створення *бізнес-моделей: Посібник для візіонерів, тих, хто змінює правила гри, і тих, хто кидає виклик.* Хобокен, Нью-Джерсі: John Wiley & Sons.

UCM (2016) *Le Business Model Canvas. Стратегічний інструмент для підприємства.* [Онлайн]. [Accessed 8 July 2015]. Available from: <http://www.ucm.be/Entreprendre/Le-Business-Model-Canvas-Un-outil-strategique-pour-l-entreprise>.

Лозаннський університет (2016) Ів Піньє. *Факультети вищих комерційних навчальних закладів*. [Онлайн]. [Accessed 20 July 2015]. Режим доступу: <https://hec.unil.ch/people/ypigneur>.

ДОДАТКОВІ ДЖЕРЕЛА

Сайт Business Model Canvas: http://www.businessmodelgeneration.com/canvas/bmc

Сайт Олександра Остервальдера: http://alexosterwalder.com/

ВІДЕО

Пояснюємо канву бізнес-моделі. (2011) [Відео]. Режим доступу: <https://youtu.be/QoAOzMTLP5s>.

Остервальдер пояснює канву бізнес-моделі. (2012) [Відео]. Режим доступу: <https://www.youtube.com/watch?v=RzkdJiax6Tw>.

Ми хочемо почути вас!
Залишайте коментарі в онлайн-бібліотеці
та діліться улюбленими книгами в соціальних мережах!

MASLOW'S
HIERARCHY
OF NEEDS
Personal accomplishment
Esteem
Belonging
Security
Physiologic
THE SWOT
ANALYSIS
Strengths
Weaknesses
SWOT
Opportunities
Threats

Видавець забезпечує достовірність опублікованої інформації,
за яку, однак, не несе відповідальності.

Майстер ISBN: 9782808601122
Паперовий ISBN: 9782808602570
Юридичний депозит: D/2022/12603/258

Цифровий дизайн: Primento,
цифровий партнер видавництва.